FSHHHH !

Thijs Wilms & Wil Raymakers

MÔEUH! 5

BAMBOO ÉDITION

sSSSSSssSSSS !

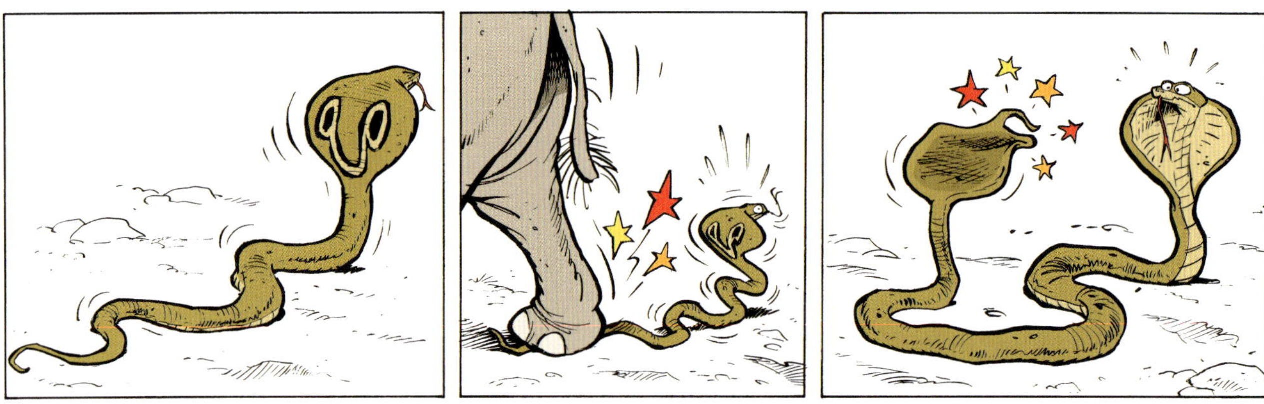

SLURP !

"PLOPP !"

"BAFF !"

"AH AH AH !"

"OUAF !"

"HEY HEY !"

"HEIN ?"

"WOW !"

"HELP !"

"OUPS !"

SPLATT!

YEAH!

FSHHHH!

RZzz RZzz

TONKK !

SNIF-SNIF !

"HEY !"

"Hé Hé !"

"SKRONTJS !"

SNAPP !

GROOAARR !

KRAK !

"GRRRR!"

"GLOK! GLOK!"

"WOW!"

TCHAKKK !

KRAK !

sSSSSsssSSS !

KRÔÂÂÂ !

HUMPF !

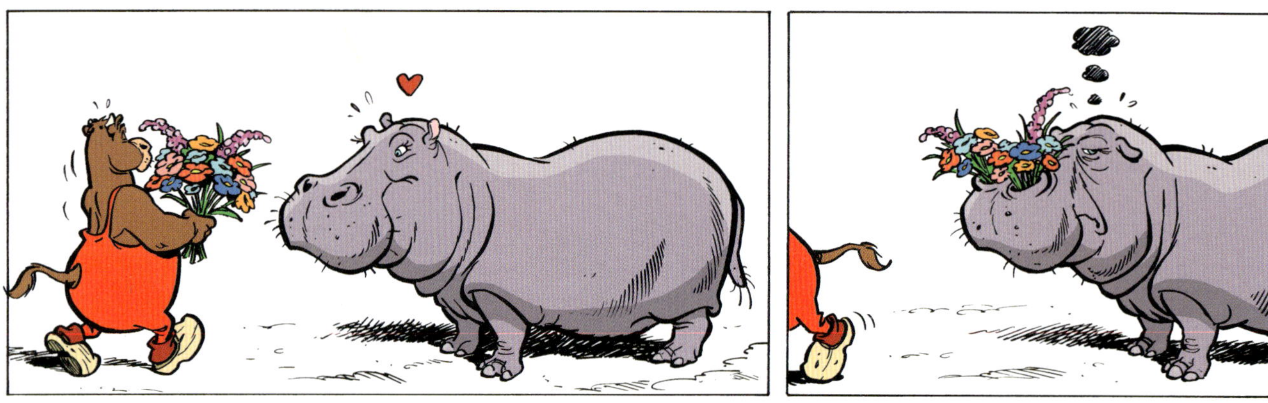

OUPS!

GROOAARR !

SKRONTJS !

TADAM !

"TCHAKKK !"

"TCHOOO !"

"RZzz RZzz"

COINK !

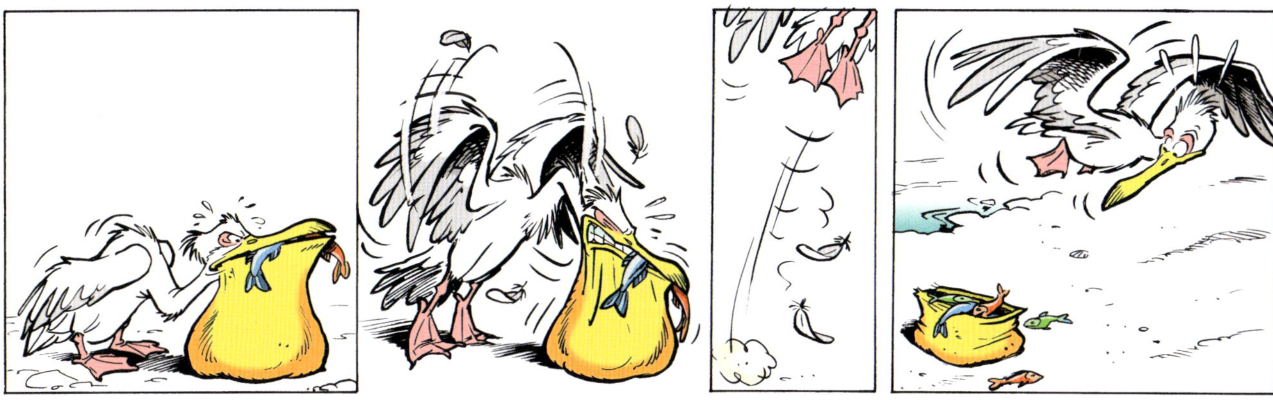

GROOAARR !

ONK ! ONK !

AOUTCH !

TAKK !

TCHAKKK !

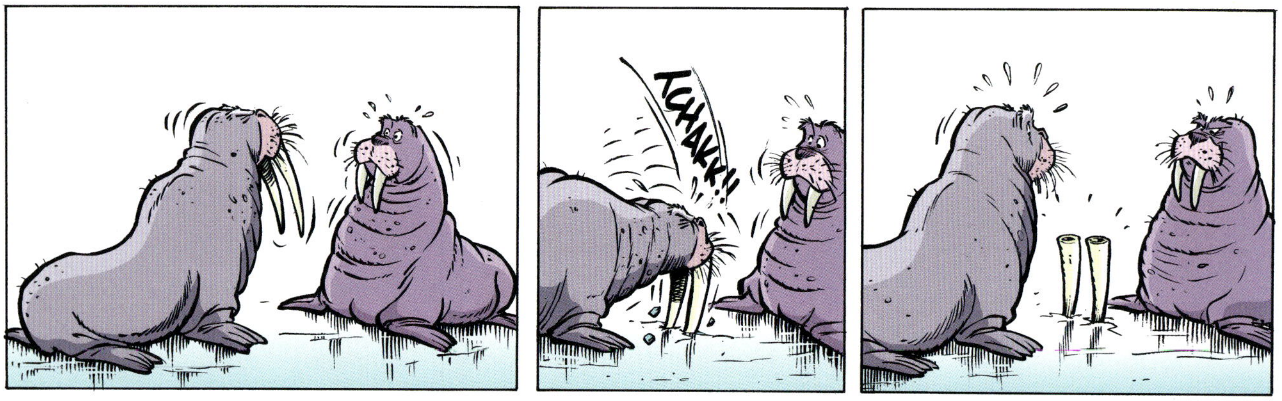

PLOP !

BAMM !

PSSSS !

SKRONTJS !

WOW !

OUPS !

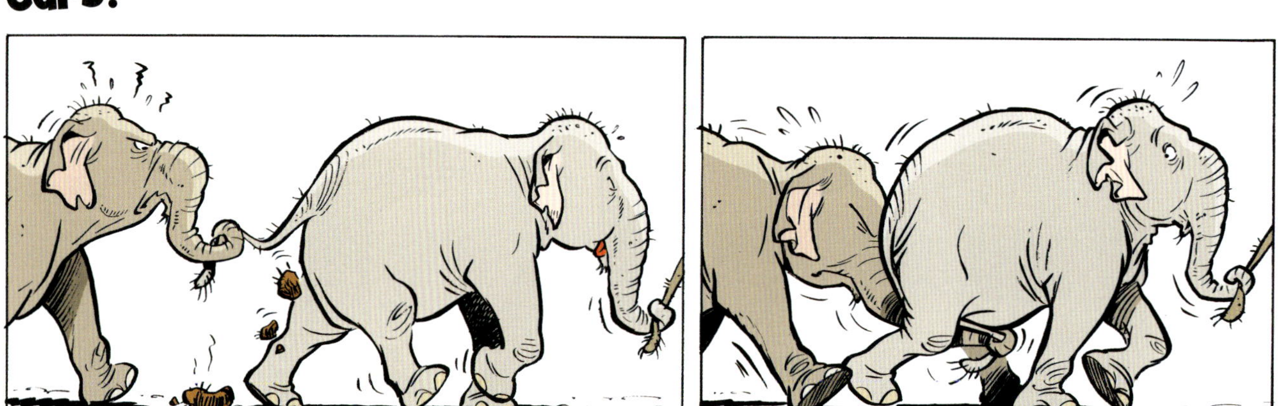

FLOUTCH !

BAFF !

GLA GLA GLA !

"OUAF !"

"HUMPF !"

"KRAK !"

HEY HEY !

SNIF-SNIF !

CUI-CUI !

"RZzz RZzz"

"GNNNN !"

"KRAK !"

OUPS!

PFTT!

COCCORRICOOO

OUTCH !

CUI-CUI !

“HUMPF !”

“GROOAARR !”

“OUPS !”

“TOKK !”

“HEY !”

“OUAF !”

YEAH !

SLURP !

sSSSSSsssSSS !

FLOUTCH !

CUI-CUI !

WOW !

"PLOPP !"

"COIN COIN"

"SKRATCH !"

HOULA !

HEIN ?

WOW !

HUMPF !

HEY HEY !

SKRONTJS !

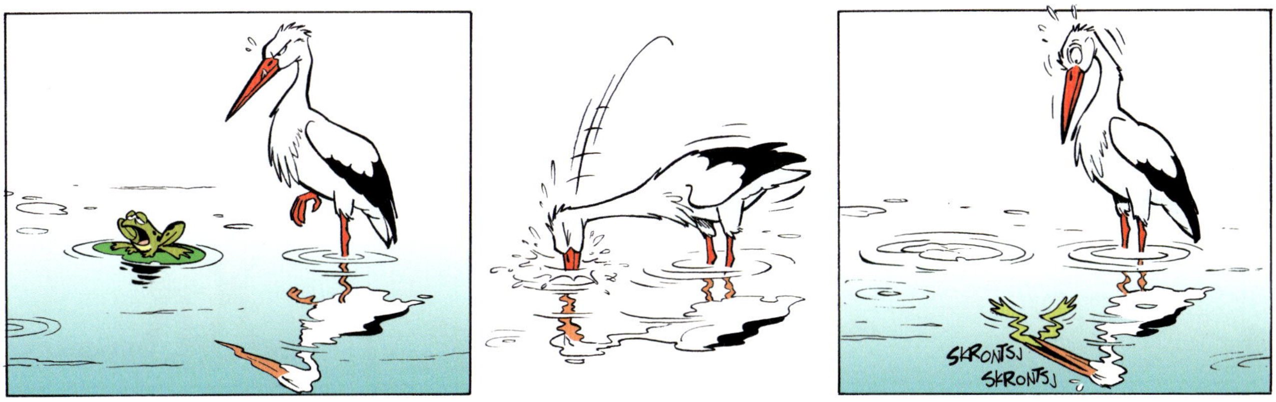

SPLATT!

HIIIIII!

HUMPF!

GROOAARR !

CÔCÔT !

SNAPP !

GLA GLA GLA !

PPPSSSSSSS !

HEY HEY !

"YEAH!"

"LOVE!"

"AOUTCH!"

"CÔCÔT !"

"GNNNN !"

"PIK !"

GLUPS!

HEY HEY !

KLONK !

ATCHOUM !
SNIFF
SNIFF
HAAAAA...
...TCHOUUUUM!
sSSSSSssSSSS !

AOUTCH !

BZZZ BZZZ

GROUIK !

“GNNNN !”

“SKRONTJS !”

“HEIN ?”

"COCÔÔÔ!"

"PFTT!"

"SNAPP!"

"OUPS !"

"WOW !"

"HEY HEY !"

AOUTCH !

LOVE !

GLA GLA GLA !

“MEUH !”

“GNNNN !”

“CUI-CUI !”

HEY HEY !

HUMPF !

RZZZ RZZZ

"HEY HEY !"

"COINK !"

"CUI-CUI !"

HUMPF !

YEAH !

WOW !

PREMIÈRE ÉDITION - Dépôt légal : mai 2017 - ISBN 978-2-8189-4255-0 - Imprimé en France / Printed in France

OE
OE
!